우리 시대 현대시조 100인선 71

거울론(論)

이 재 창

태학사

우리 시대 현대시조 100인선 71

거울론(論)

초판 인쇄 2001년 7월 16일 • 초판 발행 2001년 7월 19일 • 지은이
이재창 • 펴낸이 지현구 • 펴낸곳 태학사 • 주소 서울시 서초구 서초
2동 1357 – 42 • 전화 (02) 584 – 1740 (代) • 팩스 (02) 584 – 1730 • e-mail
thaehak4@chollian.net • http://www.thaehak4.com • 등록 제22 – 1455호

ISBN   89-7626-670-6 04810 • ISBN   89-7626-507-6   (세트)

☞ 저자와 협의하에 인지를 생략합니다.
☞ 파본은 구입한 곳이나 본사에서 바꾸어 드립니다.

대학원 졸업식장에서 어머니와 함께 (1993)

봄날 가족과 함께 (1999)

큰딸 지현, 아들 승현, 둘째딸 보영 (1999)

열린시조 편집회의를 마치고

차례

제4부 저물 무렵 그리움의 시(詩)

제1부 연대기적(年代記的) 몽타주

연대기적 몽타주 · 10

성숙한 배고픔으로 나는 매일 살아 있고
한 조각의 빵 굽는 냄새 거리마다 자유로울 때
우리는
이십일 세기의
부끄러운 꿈을 꾼다.

우리는 어디쯤에 집을 짓고 살 것인가
한때의 우울함과 서정의 햇살을 건너
내 삶의
무게로 떠오르는
조간신문의 잉크 냄새.

그렇다, 숨막히는 우리들 빵과 사랑
이젠 버려도 좋을 우리들 빵과 자유
누군가
의지의 풀씨를 뿌리는
활자 컷 행간의 자유.

연대기적 몽타주·11

사직(社稷)의 뜰 순백(純白)으로 낮술 취해 울고 있다
무너지는 노을 몇 평(坪), 빈 들판이 울고 있다
무력한
왕조(王朝)의 바다
선화공주 울고 있다.

배꽃 쌓인 과수밭에 한 세상이 누워 있다
거리 곳곳 응시의 눈, 아이들이 누워 있다
어두운
서동(薯童)의 눈빛
먹물처럼 누워 있다.

하늘의 푸른 자유, 한 시인이 웃고 있다
술 한 잔의 공통분모, 공화국의 허리춤에
제왕(帝王)이
깔깔거리며
실눈 뜨고 웃고 있다.

연대기적 몽타주 · 12

금남로 걷다 보면 생각난다, 민주주의여
푸른 하늘 죄 없어도 떨려오는 가슴 아래
오늘은
너에게 안부를 묻는다
머나먼 그리움의.

생각나지 않느냐, 지울 수 없는 함성들이
잊혀지지 않는구나, 떠나갔던 친구들이
사람이
사람으로 태어난
그 인식의 죄업 끝에.

오월이 돌아오면 가슴이 떤다, 민주주의여
너는 지금 어느 땅 밑 숨죽여 누웠느냐
철쭉꽃
장미꽃 팬지꽃
모두 만발한 이 봄날에.

연대기적 몽타주 · 13

제 몸이 성하더라도 토르소는 매일 운다
무심히 관찰하면 예감할 수 없는 일도
늦봄의
아카시아 꽃들이
떨어짐을 보고 안다.

우린 항상 습성처럼 상상력의 꿈을 꾸고
혼란스런 머리로는 모두 알 수 없는 이 땅
온몸이
비틀려 보면
내가 아닌 나를 본다.

어머니,
저는 어떤 꽃도 꺾을 수 없어요.

친구들은 좋아하며
곱게 곱게
꺾어대지만

바람이
등허리를 잘리는
신음소리 들려요.

어머니,
이젠 가슴 아린 눈물꽃을 결별해요.

우리 살던 고향 하늘
복사꽃이 만발하는

이웃도 가꾸지 못하는

뒷 텃밭을 손질해요.

연대기적 몽타주·15

—잡풀론(論)

그들은 왜 끝끝내 쓰러지지 않고 살까
내가 당긴 활시위를 맞고도 꼿꼿이 서서
세상을 물구나무 선 채 들어올리는 그 저력 뭘까
각진 링에 갇혀 떠는 묵언의 질긴 인연
몸 부대끼는 틈으로 휘휘휙 칼바람 분다
가위로 싹둑 잘라낼 그 떡잎이 끈질기다
어떻게 살아왔나 유년의 가파른 길
봄이 오면 이 무거운 수레바퀴 삐걱일 텐데
무죄의 불혹을 넘기며 가난의 모순 이겨냈을까
비바람이 거세게 불어왔을 삶의 언덕
이젠 자동 흡입기의 공룡 같은 입 속으로
똑바로 들어가 산다 팽팽한 잡풀처럼.

연대기적 몽타주·16
―아름답다는 것은

남들은 격포 황혼을 아름답다 말한다
또 비오는 내변산은 더 아름답다 말한다
새벽녘 방파제 걷다보면 사람들은 놀란다.
말발굽 소리내며 엎드린 산맥 가로질러
정동진 일출보다 아름다운 연등 뜬다
겹겹이 쌓인 갯풀 속에 창창한 참꽃 뜬다.
격포의 해돋이는 황혼처럼 변명이 없다
무너져야 할 것들이 무너지지 않는 바다
그 곳엔 하룻밤 묵을 늘 젖은 배가 있어 좋다.
보라, 운무 속에 치솟는 만남을 보라
뻘밭에 갇혀 있는 인생의 바다처럼
눈부신 반도 그 곳에 완강한 해가 뜬다.

연대기적 몽타주·17

—직소폭포

직선의 세상에선 직립이 정설이다
모든 길과 건물, 사는 것이 직선으로 통한다
우리의 몸뚱아리를 제외하면 직립이다.
그들의 사담과 목 매인 이론들도
서정성과 현실참여 흑백논리에 불과하다
내변산 산길 오르다보면 직립은 가설이다.
물줄기는 똑바로 떨어진다 생각하지만
우리네 삶처럼 직립이란 고립된 섬
그 섬에 맴도는 철새처럼 세상은 곡선이다.
투명하고 영롱한 이슬빛의 물방울들
추락하는 게 아니라 이승을 떠도는 섬
당당한 직립의 폭포는 여전히 곡선이다.

연대기적 몽타주 · 18

—살아남기

틈 밖에 보인 우주 우중충하지 않다
그 안에 아이들이 장난감 쌓아 놓고
어릴 적 우리들이 놀던 세상놀이 분주하다.
흡사한 직장생활 이상도 이하도 아닌
그들만의 세계 속에 눈발이 어지럽다
오늘도 저녁연기 피워 올리는 우리들은 길짐승.
아이들이 틈 밖에서 잠시 머문 세기말에
외투깃을 세우며 귀가하는 한 잎 바람
땅그늘 묻히는 온갖 사악함이 뻔뻔하다.
온갖 아집 온갖 추함 낙엽으로 지더라도
잊을 것과 버릴 것은 여전히 끈덕진 심
지킨 꿈 벗는 개운함으로 생명의 덫 껴안는다

연대기적 몽타주·19

―자유에 대하여

큰 틀을 생각하면 민주주의는 자유롭고
좁게 보면 우리들은 꽉 막힌 대나무 속
조그만 일 하나로도 따져드는 빈 잔이다.
자유롭고 싶다면 훌훌 떠나가는 것
말 못할 그리움이 없다면 지울 수 있는 것
탈출을 꿈꾸는 섬이라면 배 한 척 준비하고.
그러나 우리는 믿음 속에 갇혀 있다
사랑이 짙다보면 작은 일도 확대되고
이해심 더 커질수록 설 공간이 비좁다.
파도는 휩쓸려 쓰러져도 다시 선다
이제는 넉넉한 집을 한 채 짓고 싶다
폭풍우 닥쳐도 끄덕치 않는 자유의 집 짓고 싶다.

연대기적 몽타주 · 20

― 1998년 혹은 자화상

인간답게 사는 법은
변하지 않는 것이다.
산길 오르며 마주치는
풀 한 포기
나무 한 그루
언제나 탐하지 않는
그 모습이 아름답다.
이젠 가슴 따뜻한 사람들과 살고 싶다.
등을 치지도
간을 빼주지도 못하는
가진 것,
먹을 것 없어도 가슴 풍족한 우리.
펜대 굴리며 살아온 한 시대의 질곡 속에
쉰내 겨운
사무실 끝
교정지를 펴든 세상
또 하루 뭉그러진 오탈자
뼈만 남아 반짝인다.

연대기적 몽타주 · 21

—IMF를 지내며

목 잘린 풀꽃처럼 등이 굽어 휘청인다.
빈 자리 곳곳 긴 칼 휘두르는 감원 폭력
밥 먹고 사는 일마저
불확실한 우리 삶터.
불혹의 어깨 위로 흐트러진 반쪽 얼굴
너희는 볼 탱탱한 기름기로 덧칠하지만
목마른, 이 목마른 갈증
우린 어떻게 넘나.
저 싱그런 거리 곳곳 오뉴월의 속울음을
먼저 떠나간 자리 다시 채워지지 않는
불면의 저문 세기말
고개 떨군 아버지.

연대기적 몽타주 · 22

―순천기행(順天紀行)

순천만 갈대숲길
아 아, 눈발의 감탄사.
한 발
내딛으면
더 위태로운 그대 사랑.
쓰러진
철새 한 마리
생명처럼 파닥인다.

연대기적 몽타주 · 23

― 철새공화국

여의도 돔지붕 아래
철새들이 모여 산다.
황새, 저어새, 흑두루미, 검은 머리 갈매기
제각기 짝을 이루며
선량처럼 폼을 낸다.
모두들
깃털 세워 끼룩거리는 천연기념물
우리는 이 땅
한 무리
잡새로 남아,
구린내 나는 도래지
어느 늪지
찾아 떠도나.

연대기적 몽타주 · 24

－무등에 관하여

너는 항상 흐르는 강물처럼 말이 없다
한반도의 가장 큰 가슴으로 울리는
피 맺힌 앉은뱅이 꽃, 침묵하는 자유의 꽃
바위덩이만한 목숨 저만치 묻어두고
저문 들녘 몸 떨리는 전율로 살아나는 산
바다 끝 닿지 않는 해저에서 몸부림치는 산
이제는 일그러진 영웅을 용서하는 산
더 이상 오를 곳 없는 생생한 미래의 산
우리의 어질고 큰 산, 가슴속의 무궁화꽃.

연대기적 몽타주·25

―동산(東山)마을에서

누님, 여름 꽃밭에 봉선화 꽃잎 지면
누님의 눈물 같은 강물이 생각납니다
언제나 이맘때면 영산강 뚝길따라 생각납니다
고사리 한 줌 꺾던 꼬막손 꼬옥 쥐고
저 나직한 산허리를 감고 달려가는
광주행 완행열차를 그리워하곤 했지요
누님의 고무신 가득 풀꽃 따 담아
기차 기적소리 메아리쳐 사라질 때까지
한 주먹 풀꽃 강물에 띄우던 때가 생생합니다
풀꽃 하나 던지면 내 얼굴이 흘러가고
풀꽃 또 던지면 친구 물장난에 서운해 하던
강물 위 누님의 얼굴, 햇살처럼 선명합니다.

연대기적 몽타주 · 26

―다시 동산(東山)마을에서

버릴 일들 과감히 죽이고 떠나간다
바람 불면 흔들리는 부끄러운 세기말에
형님이 적요하게 잠든 강변마을 찾아온다
익숙한 야간작업 돈벌이 신통찮지만
어릴 적 논밭 갈던 진실의 땅 팽개치고
지금의 이 자리 못 잊어 이 눈치 저 눈치 보고 산다
어느 땐들 꽃 피고 바람 불 날 없지 않겠지만
어쩌다 내 마음을 길 위에 내려놓고 보면
삶의 길 소름치던 길, 미울수록 곱구나
다시 큰 절 올리는 동산(東山)마을 언덕에서
빈 잔은 채워두고 넘친 잔은 다시 비우는
지친 몸 촘촘히 박힌 슬픔 큰 듯 해도 견뎌낸다.

연대기적 몽타주 · 27

－그날

꼭 한 번은 건너야 할 가슴의 강이 흐릅니다.

　　우리의 소원은 언제나 통일이었습니다. 어릴 때부터 불러오던 우리의 소원 통일이 생각나면 친구끼리 삼삼오오 짝을 지어 임진강 다리 건너 백두산 천지까지 걷고 싶었습니다. 제주도 한라산 기슭 철쭉꽃 만발하고, 광주(光州)의 5월 금남로를 따라따라 무등산 중봉 갈대재 핏빛 색깔 더해갈 때, 우리는 더욱 더 백두산 천지가 눈 앞에 보일 듯 가까이 느껴졌었습니다. 그러나, 우리는 오늘도 나타날 듯 보이지 않는 그날이 한 발 내딛으면 떨어질 절벽 앞에 서 있었습니다.

　　경계를 늦추지 않는
　　왕조의 깃발 펄럭이며.

연대기적 몽타주 · 28

― 남해바다를 바라보며

쭈그러진 희망을 접으며 난 비상한다.

멀리 사라질 듯 아니, 지금도 내 앞에 있는 군농국민학
교를 생각하면 꼬불꼬불 산길을 따라 바라다 보이는 남해
바다가 아름다웠습니다. 꽃 한 송이 꺾어들고 가는 길목,
나의 무성한 쓸쓸함들이 낫질에 잘려 떨어질 때, 온 산 진
달래꽃 붉게 물들고 있었습니다. 그때 당신은 나의 꽃밭에
새롭게 피고 있었습니다. 아득한 수평선이 남해바다에 와
닿고, 남해바다 수평선이 백두산 상상봉에 와 닿는 군농국
민학교 화단에 서면 금방이라도 우리는 하나가 될 것 같
았습니다.

눈부신 욕망 흩어진다,
멀리 피는 안개꽃.

연대기적 몽타주·29

－우리들의 국어선생님

자네는 늘 내게 시인이라고 자랑했지
찬란한 수채화의 색감을 물들이듯이
이 시대 우울한 꿈을 모자이크 했었지
모음조화나 활음조나 자음동화를 강의하는
학생에게 시시한 국어선생이 아니라
확실한 가변성의 법칙을 가르친다고 자랑했지
흑판 한 복판에 그렸다가 또 지우는
아들놈이 그린 담요 위 지도를 생각해 내며
한반도 심장 박동수를 체크하곤 했었지
모르지, 커피잔을 대면하며 깔깔거리는
그대들의 요염한 얼굴들이 생각한다면
차라리 낭만적 사랑이야기가 훨씬 재미있겠지
그대들의 비밀스런 겨울일기장 속에는
절규 한 획, 눈물 한 방울 없는 선생님
이 시대 산성비처럼 축축한 인생이겠지
그러나 국어시간 수많은 문장구조 중에서도
한반도의 자유를 분석할 수 없다는 것은
우리의 지독한 신념, 커다란 아픔이었지.

연대기적 몽타주·30
―우리들의 봄

부끄러운 새벽강을 걸으며 나는 보았다
언제나 이 시대의 중심으로 향하는 강
움츠린 생명이 해빙처럼 풀리는 것을 보았다
우리들의 참한 외침 안개처럼 몰려올 때
반짝이는 연초록의 봄 햇살 곁에서
또다시 한 잎 들풀로 살아나고 있음을
만나야 할 것들을 만나지 못하고
떠나야 할 것들과 인사 한 번 나누지 못한
단 한 장 확실한 유서를 피워 올리고 있음을

제2부 거울론(論)

거울론(論)

화면처럼 어둔 세상 저음(低音)으로 깔려와도
우리들 허무 몇 잎 낙관 찍혀 붉어온다
내 분신
벗어 던져도
전율 없는 너의 촉각.

하늘 아래 모든 것들 제 모습을 지니지만
거리의 네 가슴은 잠시 잠시 백지장 뿐
우리들
얼굴 함축된
수줍음이여, 벌거숭이.

너는 항상 방패 없이 위태롭게 질문하고
질문 받는 우리들은 대답하다 넘어진다
제 모습
뽐내는 세상
아 아, 칼날이 떠는 자모(字母).

내면(內面)의 끝

하동역(驛) 어둠 끝에 깊숙이 몰려온 잠
새벽 달빛 젖어 떠는 저자 앞에 몰려온 잠
피곤한
가슴 안으며
바람 철렁 꽂히는 잠.

다시 돌아갈 수 없는 우리들의 땅그늘에
절망의 생애 저편 이미 죽어 우는 잠
젖어라,
거꾸로 내리는 빗방울
그 내면(內面)의 갈등의 잠.

말하라, 허리에 찬 비수(匕首)되어 빛나는 잠
웃어봐도 출혈하는 선명한 순수의 잠
세상은
사랑이 몰아치듯
침잠할 수 없는 잠.

우리가 사는 마을

매연처럼 이미 썩어 문드러진 아침 식탁.
무우 한 다발 배추 한 포기 신신한 것 하나 없는
내 온몸
헛배 키우며
시름시름 독이 밴다.

막힌 혈관 찌든 허파, 중금속 투성이의
아무리 씻어봐도 끈적한 삶의 배면.
산과 물
바람마저 답답한
이 땅 집 짓는 사람은.

어릴 적 동네 개울 피라미 떼 잡던 고향.
이젠 기억 저편, 악취 진동 폐기물 뿐
살아도
살아도, 나 혼자뿐인
썩은 몸뚱이만 사는 마을.

겨울 공사장에서 · 2

1
벌판에서
또 다른 풀잎처럼 돋는 눈물.

빙빙 머리 도는 차거운 바람 앞에

무성한
쓸쓸함들이
철새로 날고 있다.

2
내 산하는 빈 가슴의 먹물처럼 뜨거운 땅.

우리 언제 눈을 뜨고
꽃잎으로 피어날까

풍성한
생명의 햇살,

부서지면 나는 삽날.

3

해나 달도 부끄러운
물이 되어 젖는다면

굽은 벌판 억새풀도 이 삽질을 견딘다면

산 밖에
서성이던 겨울,
겨울비는 절고 있다.

겨울 공사장에서 · 3

달빛은 차거워도 갈 길은 아직 먼데
바람처럼 뜬눈으로 기다리는 너의 안부
한 통의 죄를 던지며
그 겨울의 너를 본다.

아무리 눈을 감고 내 죄를 봉(封)한다 해도
방 안 깊숙이 잠든 네 모습을 볼 때마다
복개된 즈믄날의 저녁
이젠 말이 없구나.

돌아가자, 돌아가자, 몸 부비며 살아온 삶
이 어둠, 이 달빛 꿈을 꾸고 흘러갈 때
가야 할 벗들에게는
몇 희망을 주소서.

봄 언덕 진달래꽃 너의 가슴 온통 필 때

가난이 무슨 죄냐, 울먹이던 누이야
봄 언덕 진달래꽃 너의 가슴 온통 필 때
서울로 떠난 사람들 아직 세상 모른단다.
배추꽃 유채꽃 만발한 뒤뜰을 거닐며
서울 간 분이 생각 부러워서 못 견디겠지
하지만 네온사인 얼룩진 명동도 사람 살 곳 아니단다.
봄 지난 여름 장마에 한강은 홍수 나고
가을 지난 겨울에는 꽁꽁 언 시베리아 벌판
누이야, 구로공단 여공생활 잊는 것이 편하단다.
농부딸이 서울 가서 분칠하고 떠돌아도
서울 귀신 눈이 밝아 배겨내지 못한단다
몇 세상 죽음처럼 넘어진 시골땅이 차라리 아름답단다.

꿈

좀더 기다리면 떠나간 이 오실 텐데.
기운 옷 움켜잡고 봉숭아꽃 물들일 적에
목 짧은 넥타이를 매고 아버지는 오실 텐데.

하교하는 길목에서 그리움의 꿈을 꾼다.
뚱보처럼 불거진 옆집 아저씨 배를 보며, 고통과 성실
의 빵조각을 나눠 들고, 서울행 완행열차의 덜컹거리는 그
리움을 그 누구는 아는지.
속달로 보낸 편지 다시 돌아올까 꿈을 쓴다.

하늘이 닿을 것처럼 문지방을 넘볼지
사무실을 개업한 빌딩숲의 어디쯤서
어머니 젖은 설움이 어느 편지함에 잠자고 있을지……

연가론(戀歌論)

살구꽃 향내 묻은 친구 몇몇 그리워서
네 참한 가슴의 강 남풍(南風)으로 촘촘할 때
우리는
기다림의 미학(美學)으로
잔을 든다, 핑크레이디.

웃음 짓는 선한 얼굴 모란꽃이 피고 있다
햇살 바른 학사(學舍) 뒤뜰 풀잎들도 손 흔들며
네 발길
수채화 속에
피아노소리 풀고 있다.

늦봄 다시 가기 전에 리본 달고 띄운 서신
아예 영영 떠나가도 지울 수 없는 시(詩)구처럼
내 생애
백발 총총해도
그립겠다, 그대 이름.

무의미론(無意味論)

매일 아침 일어서는 인간들의 풍경 앞에
나는 또 혼자인가, 몇 번씩을 확인하는
세상은
공허한 바다,
순 선홍빛 처녀막.

생각의 올 기워봐도 신경통은 도져올까
없는 것들 풍족하게 가지런히 추슬러도
온 산천
우는 진달래
내겐 너무 잔인하다.

신뢰하는 별과 달, 꽃, 사람의 아들 없고
선한 이 가슴 뜨거운 인간의 잔이 빌 때
삔 발목
딛고 설 자리
늘 우짖는 나의 바다.

일몰(日沒) 이후·1

세상 사는 일이 차 마시듯 쉽다면
빈자리의 너와 나는 다리 꼬고 살겠지만
세상의 환한 달빛만이
아아, 서럽도록 빛남이여.

만나는 사람마다 차 한 잔의 슬픈 상면
더욱 상승하는 무더움의 기류 앞에
우리는 마지막 단죄하는
이 지상의 한 마리 새.

석류

1
씨로 맺힌 연대기(年代記)를
그대 품에 띄울거나

눈 감고 귀 막아도
내 허일(虛日) 설레인 채

건들면
하늘이 쏟아질까,
수줍어 볼 붉히는.

2
맨 가슴 송이송이
천리 벌을 지켜 서서

보일 듯 보일 듯이
꼭꼭 숨은 너의 설화(說話)

이 밤도
못 담을 세상
고개 숙여 삽니다.

오늘을 사냥하는 자(者)들의 권태

그대 참한 강물에 낚시를 드리운 사람.

　오늘은 강변 풀꽃이 인간의 낫질에 잘려 나가고, 해와 같은 인간의 생명은 떴다 가라앉고, 수많은 인간이 고뇌하는 강촌의 미화된 얼굴과 성실한 발목을 보기 위하여 그대 애그니스를 온몸으로 감싸며 아파트 정문을 나서고 있다. 흔들리는 저녁의 자유. 잠든 서울이 잠버릇을 하고, 식빵 한 조각에 몇 몇날 낮과 밤이 술이 취해 배고픈 사람. 그 등 너머로 차거운 별빛이 잠시 머물 때 서울의 고독과 사랑과 자유, 서울의 빵과 눈물과 배고픔, 절망의 자유를 누리는 인간의 두뇌, 산다는 것은 몇 개의 분신으로 나눠지는 삭막한 일인데, 그대 서울의 풍성한 고통의 물고기를 낚아 올리고 있다.

　고요한 빈 가슴에 술잔을 나누며 인간의 빈집이 흐느끼는 서울의 끝.

잠

어떤 나라
땅이다가

어떤 땅의
슬픔이었다가

더러
대숲 흔들리는 고향으로
돌아온 나.

세상의
빛나는 벽 안
나는 거울 속에 숨는다.

어느 날
거울 속에
나타나기 시작한 나.

이 거리 어데라도 날아갈 듯 자유로운

너희는
왜 이방인의
먼 눈빛을 지녔느냐.

옛 동산에 올라

허공 찬 정수리를
돌아서 쓸고 가는

손때 없는 젊은 날은
한 세월로 얼비치고

바람결 유년(幼年)을 불러
시린 몸을 감는다.

덤불 속 벌판 위에
눈시울이 흐르고

인생을 가로질러
울림장 위에 서면

오선지 하늘이 닿는
마음 둘레 꽃이 핀다.

마파람 멀리 사뤄
줄줄이 너울을 벗는

노을밭 긴긴 노래를
이 자리에 불러 보고

풍만히 넓은 동심을
햇물 풀어 날린다.

제3부 누이의 사랑은

신(新)귀거래사 · 1

단풍잎 붉게 물든 고향으로 돌아가리
따스한 체온으로 느껴지는 강변마을
문명의 가늠대 위에 퍼득이는 삶을 두고 돌아가리

어제의 피곤한 몸 훌훌 털고 집을 나서는
류머티즘 발목들과 새벽공기 심호흡을 하며
우리는 세상의 강물따라 흘러가는 것일까

차라리 공해로 물든 셋방을 버리고
네온사인 얼룩진 빈 가슴을 버리고
장대숲 흔들리는 고향 언덕으로 돌아가리.

신(新)귀거래사 · 2

이른 새벽 차창에 새겨지는 인파 차파
무수한 발걸음의 행선지는 어디일까
씩씩한 새벽 눈빛의 기항지는 어디일까.

돌아가리, 누님의 저자 위에 떨고 있는
헐벗고 굶주린 생선처럼 창백한 우리
모 심고 밭을 일구는 날들의 기억을 하며.

서울의 동생들도 핏기 잃은 누님의 얼굴도
익숙한 내 삽질만큼 불확실한 집을 버리고
따스한 체온으로 느껴지는 강변 숲으로 돌아가리.

그 해 겨울일기(日記) · 1

서정의 햇살 파닥이는 유년(幼年)의 머리맡에서
깨꽃처럼 움추려드는 가슴을 위로하며
가난이 죄(罪)라고 생각될 때
나는 사람들이 무서워보였다.

낮은 압박감의 어두운 다락방 안에서
우리는 어떻게 살아야 할 것인가
추위에 떨리는 잠결에서도
세상은 높게 보였다.

삐비꽃처럼 시린 두 손을 호호 불 때
낡은 함석지붕을 두둘기는 북서풍
뱃가죽 그 허기를 짓누르며
나의 미래를 점쳐보곤 했다.

그 해 겨울일기(日記) · 2

우리는 어디에 집을 짓고 살 것인가
마르고 찬 바람소리 세상을 몰아치는데
내 삶의 무게만큼 불성실한 길 왜 떠나 왔을까.

우리는 이 땅, 이 산천 어느 곳에서
서러운 눈물 지우며 살아갈 것인가
따뜻이 지필 구공탄 몇 장 없이 초라한 우리는.

그 해 겨울 우리들의 전부를 위하여
무엇인가, 희미하게 떠오르는 나의 미래는
불혹의 겨울 눈발 흩날려도 화려하게 오지 않는다.

남도의 유채꽃

오월의 유채밭 근처에 와서 보면
남도의 유채꽃만이 유난히 키가 작아 보인다
두 눈에 안경을 덧쓰고 봐도 그 이유 알 수 없다.

한반도 황토땅엔 질긴 목숨 어디든지
수천 가닥 대뿌리로 뒤엉켜 살아가지만
몇 년이 지나고 또 몇 년이 흘러도 의문이다.

기름진 흙 한 평, 진실된 세상 몇 평 없이
우리 허리 사이즈 줄어든 만큼 팽팽하게
이렇게 키가 작은 이유는 참으로 이상하다.

이카로스의 변(辯)

보성 회천 군농초등학교 화단에 꽃 피었다
철쭉꽃 팬지꽃 접시꽃 장미꽃……
오늘도 어린 학생들은 집으로 돌아가고.

콧물 배인 책걸상이 가지런한 빈 교실에서
올해 교육대학 갓 졸업한 여선생님
늘 푸른 하늘 위로 날고 싶은 꿈을 꾸었다.

이 세상 더 높이 높이 날아도 보이지 않고
더 낮게 날아도 내가 나로 환원되지 않는
하는 일 미련 하나 없이 깨끗하게 날고 싶었다

댄서 박하경

당신은 화려한 19세기 화장을 하고
원탁의 기사들이 뽐내던 부츠를 신고
오늘도 <구라파>에서 <뉴-서울>로
<하와이> <그랜드>로 간다.

날렵한 당신 몸매 유연한 손놀림이
실내 비디오 한 커트씩 스냅으로 찍힐 때
우아한 그 미소 하나로
긴장된 웃음 주는구나.

밤의 폭력, 야간 통행금지 사라진 뒤
별빛 몇 잎 총총한 날들은 사랑스럽다
도시의 밤무대는 나의 위대한 천직이라고.

빛깔 색색 찬란한 꼬마전구가 깜박일 때
스냅처럼 찍히는 그 우아한 미소는
당신의 화사한 행복이라고 생각할지 몰라.

그러나, 아무에게도 보여주지 못하는
이 시대 끈적끈적한 우리의 자유는
이 거리 불만스럽게 떠돌아 다니는구나.

시내버스를 타고·1

구두끈을 꼭 조이고 철제대문 나설 때부터
퇴근하는 길목 어귀 가래침을 뱉기까지
온종일 무채색 가슴 짓누르는 죄(罪)를 생각한다.

수십개의 팔목들이 몇 두릅 굴비 엮듯
시내버스 천정마다 목숨걸고 사색에 젖는
그들은 뒤틀린 세상문 어떻게 두드리고 있을까.

몇몇은 넓은 어깨, 너댓줄의 인상 긋고
둥근 세상 이리 저리 흔들리는 이 좁은 공간
등줄기 안으로 땀방울 송올송올 맺힌다.

시내버스를 타고 · 2

생각할 여유 없이 나만은 꼭 살겠다고
기어이 내가 설 자리를 침입하는
이 좁은 세상에서도 침묵의 혈투 일어날까.

아무리 굳세게 자리를 잡고 서도
음흉한 속셈 드러내는 비겁한 동행자들
간신히 플라스틱 손잡이 매달린 꿈 애처롭다.

정말 빈혈증 앓는 우리들의 세상 꿈
온종일 무채색 가슴 짓누르는 우리는
끈끈이 차오르는 죄(罪) 생각해야 하는 걸까.

성산포

다시는 만나지 못할 유채꽃 가슴으로
낯선 인연 하나 둘씩 시위하며 건너갈 때
당신은 불륜(不倫)의 음모를 꾸미고 있었다.

속살 비빈 당신의 환한 미소까지도
밤마다 신음하듯 중얼거리던 한 잎 낙화로
불륜을 맺고 있었다, 모든 사내 품속에서.

항상 부푼 유채꽃 가슴 앓아 취하고
맑은 바닷물소리 몇 잔 술도 쉽게 취하는
당신은 불륜의 여자, 스스럼없이 알몸 내민.

또다시 내 가슴 절규할 수 있는 여자
이렇게 화려하게 사는 이유 알 것 같다
하지만 오늘도 봄의 미학처럼 서 있었다, 당신은.

충장로 할머니

당신은 꽁치통조림 빈깡통 손에 들고
행인의 발목 잡고 동전 한 잎 애원합니다.
하지만 세상 사람들 눈만 흘기고 지나갑니다.

우체국 앞 여름비 속 아베마리아 부를 때에도
머리카락 두들기는 박수소리 들으며
당신의 검정 고무신엔 빗물만 고였습니다.

저물 녘 텔레비젼 요란하게 떠들지만
이웃을 위하여 아나운서 목청 돋구지만
쨍그랑 동전소리 귀에 들릴 듯 말 듯 합니다.

오늘 저녁 당신 앞에 동전 몇 잎 던지며
과연 내 호주머니 먼지만 쌓였을 때
등 굽은 그 길을 어떻게 지나쳤을까 생각합니다.

이 땅을 위하여 · 1

이 땅에서 살아왔던 사람들은 모두 안다
바람 불면 풀잎들이 일어서던 그 이유를
바람이 숨을 죽여도 흔들리던 그 이유를.
이 세상 들꽃으로 뿌리내린 우리는 안다
우리는 왜 등꽃처럼 떨어져야 했던가를
봄 기슭 그 아래서 왜 흩어져야 했던가를.
내 몸 부서져도 우리 위한 그리움에
이 땅의 언어들이 찬란하게 미화되는
진실된 사람들의 절규, 그 눈물이 슬프다.

이 땅을 위하여 · 2

모두 덮힌 세상 무엇이 보일 것이냐
어둠보다 진한 시야, 그 비옥한 절망들을
그대는 숨기려느냐, 왜 길들이지 못하느냐.
이 회색의 고통 몇 올 사색으로 흩날리며
진실 앞의 영혼들은 기쁨으로 차오를 힘
방림동 그 허허한 벌판 봄은 지고 있었다.
모두 떠나 보이지 않는 안개숲의 적막함을
가슴은 가슴끼리 강물은 강물끼리
갈대밭 빈 바람소리 뜨겁도록 듣고 있었다.

이 땅을 위하여 · 3

오호, 통재 통재라, 친구여 친구여
우리는 그 무엇의 바람이 되어서
지금도 억세게 사무치고 있느냐, 그대여.
어둠 근처 쓸쓸함이 낫질에 잘릴 때
가볍게 일어서서 떠나던 허무 몇 몇
아직도 이 거리 어디에서 떠돌고 있느냐.

아아, 이렇게 눈을 뜨고 있었음을.
저 들판의 노랫소리 길게 길게 침잠하는
그대여, 사랑하리라 떠나가던 가슴 몇 몇.

족보(族譜)를 보면서

해오라기 눈빛들이
불을 밝혀 나들이 가면

서까래에 매달려 선
목숨의 이랑을 건너

세월은 색낡은 족보를
다스려 내고 있네.

왜놈이 가꾼 황토엔
내 가슴의 사슬 풀고

긴 몸살 깊이 드리운
강줄기를 따라오면

한 동리(洞里) 맨살 태우는
이미 떠난 몰골이여.

눈이 뜬 붓이 살아
화선지에 수(繡)를 뜨면

여전히 안부를 묻는
산꽃은 실로 피어

육친(肉親)의 족보를 넘기며
성한 나를 만나본다.

동백꽃 산조(散調)

미덥게 타는 가슴
꽃심 찾아 밝히다가

봄 아침 한 줄 빛살을
바람 끝에 재우치는

이승은
가려온 심금(心琴)
상기 고와 젖어든다.

화원(花園)은 등불 달아
긴 행렬로 나앉으면

설어진 세사(世事)의 고통은
어둠에서 밀어내고

몇 천 년
잠든 노래를

돌돌 푸는 동백꽃.

저 밝은 생명은
심혼(心魂)에 돛을 올리고

인고(忍苦)를 빚던 정열은
잔가지에 배어나는

잘 익은
옥적(玉笛) 한 가락
꽃잎 위를 넘나든다.

연가(戀歌)

미치리라
뜨거운 심장 앞에 서성이는
그대, 차라리 사루비아를 가슴 깊이 꽂아 두면
미더운 바람이 불어요
오지 않는 혼(魂)을 두고.

아니어요 아니어요
그럴 수는 절대 없어요
알몸 찾아 화장(化粧)하고 술래 찾아 떠도는
긴 밤의 숙묵(宿墨) 한 사발 춤을 추며 머뭇해요.

정말이어요, 새로운 지혜는
골육(骨肉) 끝을 감싸고 있어요.

너무도 오랜 잠을 출렁이며 어둠에 새침한 사랑을 위하
여 화신(花信)이 편지를 뜯는 꽃가게를 나와 우리는 스스
로 연지를 찍는 결혼연습을 하고 있어요. 면사포를 벗어
던지고 신비를 만나는 비늘처럼 쏟아지는 욕망이 내려앉

고 있어요. 보세요, 환히 가르마 탄 도시의 거리와 어지럽
게 몰려오는 가로수의 흔들림을 보세요.

　전신을 울리는 풍금소리 따라
　하이힐은 높아가고 있어요.

　잔 속엔 불빛이 보이고
　생명의 담배가 타고
　스스럼없이 유혹하는 여자의 부드러움도
　가볍게, 가볍게 작은 손을 받쳐들고 있어요.

누이의 사랑은

사랑은
내 누이의
가을에 피는 사랑은

밤새 건진 달빛 물고
탈춤 추며 나앉으면

누이는
눈먼 누이는
연꽃으로 피어날까.

못물 속에 고인 눈물
이승 깔고 퍼올리면

열두어 달 혼(魂)만 남는
연한 감빛 내어 딛고

한 생애

눈 먼 사랑은
내 가슴에 일렁이네.

광주시 충장로 우다방

오늘은 밀물과 썰물이 만나는 시간
저마다 특이한 어족들이 음악을 타고
수많은 젊음 속으로 스며드는 황금어장.

히스티야를 만나는 노을빛 점점 바래고
키 작은 바람만이 몰려드는 부두처럼
낚싯대 몇 대 던지는 재미가 쏠쏠하다.

젊은 피는 아래로 이바지 설사를 하고
남은 젊음 찻잔 위에 비추지도 않지만
눈빛만 살아서 튀는 광주시 충장로 우다방.

풍어제·1

가을 부두에 서면 이제는 알리라
새벽달 가득 이는 오랜 풀밭의 정점에서
활달한 기쁨 흐르는 우리들의 축제일을.
시월의 당당한 그늘 호미질로 캐어내는
사계(四季)의 목숨 같은 불꽃이 타오른다
기막힌 기쁨과 환희 반반씩 어무르며.
심마니들의 눈빛만큼 절로 절로 흥에 겨워
푸른 우수(憂愁) 붉게 타는 신명에 입맞추고
저마다 가슴 언저리에 집어등을 켜고 있다.

풍어제 · 2

넓어도 넓을 수 없는 눈시울의 먼 바다
삼백예순날 미더운 가슴과 가슴을 풀어
우리는 건강한 얼굴의 물떼들을 조각한다.
지난해 피운 사랑 갯벌 위에 뭉쳐두고
철렁이는 바닷물을 불꽃 위에 데울 시간
이제는 수액 진한 풍어가 불러야 할 때다.
천(千)의 얼굴 맞이하는 바람이여, 불꽃이여
오늘은 발 밑 툭툭 튀는 신선한 귀항이다
어부여, 노래 불러라, 달아오른 바다를.

제4부 저물 무렵 그리움의 시(詩)

저물 무렵 그리움의 시(詩)·1

― 격포에서

우리는 숙명처럼 가슴이 따뜻하다.
풀벌레
바람소리
수밀도 진한 그리움
바다가 보이는 그 끝에 서면
우리들은 자유롭다.
그 곳으로 가는 길은
완만하고
숨가프다.
덕지덕지 뿌려 놓은
들꽃무덤 지나서
충만한 세상 보인다.
살아있는 만큼의.

저물 무렵 그리움의 시(詩) · 2

―지석강에 와서

저 강물따라 비상하는 해오라기 한 쌍처럼
낮게 낮게 수평 이루는 협주곡의 날개짓처럼
우리는 물안개 사이 나무처럼 서고 싶다.
오천년 낮과 밤을 인내한 비수처럼
이지(理智)의 사랑 틔운 초가을 청명처럼
새벽강 맑게 흐르는 평지리의 내 아내처럼.

저물 무렵 그리움의 시(詩) · 3

―점묘화

당신은 꿈입니다
일어서는 햇살입니다
자작나무 숲길을 지나
남원천 강둑을 지나
우리는 설레이는 별입니다
신화적인 몸짓입니다
찬란한 은빛 침(針)들이 갈증을 풉니다
당신은 파도입니다
예지(叡智)의 눈빛입니다
싱싱한 겨울산입니다
툭툭 피는 동백입니다.

저물 무렵 그리움의 시(詩) · 4

내 가슴의 밭 한켠에
그때 그날 고요가 깊어져
이렇게 핑 도는 한 획의 사랑 타올랐구나
슬픔과 기쁨의 수풀을 헤치며
한 오백년 기다리다가.

저물 무렵 그리움의 시(詩) · 5

―우리가 살아 있다는 것은

세상의 숲 속에선 사람들이 사나보다.
이 순수한
우리들의 저녁 음식을 나누며
누대를 바꾼 화사한 인연으로 만났었을까.
밤새 바람 불고
가도가도 끝없는 길
영산강 하구언이 바라 뵈는 언덕에 섰다.
일순에,
얼마만의 스침으로 저 들판 건너 왔을까.
아 아, 이제는 사람의 숲이 언뜻 보인다.
새들도
풀꽃들도
저만치서 만찬을 즐기는
우리는 정말 이곳에 살기 위하여 왔나보다.

저물 무렵 그리움의 시(詩) · 6
―어린 악마에게

내 귀여운 어린 악마
기다리다
기다리다
슬픔이 기쁨에게 아픈 만큼 시(詩)를 쓴다.
지쳐서,
지쳐서 더욱 그리운
그대 느낌 하나밖에.

저물 무렵 그리움의 시(詩)·7

—젖어보기

순천만은
젖어 있다

그 곳에서
나도 젖는다

눈부신 세상 저편
산맥들이
일어선다

층층진
갈숲 갈피마다
클릭되는 섬섬옥수.

저물 무렵 그리움의 시(詩) · 8

―이 기쁜 설레임을

고운 달빛,
진양호에 묻혀 있는 그대 얼굴.
이 시대 보름달처럼 환하게 피었다.
남해안 고속도로를 따라
차창밖에 함께 피었다.
불혹의 이승에서
너와 나의 빈 잔 채우며
천리 길 달려오던 이 기쁜 설레임을,
오던 길 다시 밟고 가는
이 마음 그대 아시는지.

저물 무렵 그리움의 시(詩) · 9

온몸의 아픔으로 풀무치가 울고 있다.
소리없는 이 그리움, 저 견고한 눈물겨움
진실로 믿고 견딘 만큼 외로움이 더 짙다.
그대 사랑 앞에 갇힌 기다림의 미학(美學)으로
잔잔한 내면의 끝 우리들의 별이 뜬다.
누님의 젖은 가슴 기대어 저렇게 눕고 싶은.

저물 무렵 그리움의 시(詩)·10

―내소사(來蘇寺) 가는 길

죽어서도 아름다운 사랑을 위해서
우리는 그 울창한 전나무 숲길을 갑니다
하늘이 맞닿는 아침햇살
적막한 마음 하나 비웁니다.
바람 한 점 불지 않는 잠시 머문 이승의 길
새소리 대숲소리, 더 깊은 기다림의,
이제는 그대를 위해
꽃길 하나 마련합니다.
더 바랄 수 없을 만큼 섬세한 사랑을 위해
죽어서도 살아 두 손 가슴에 묻습니다
내 그대 시리도록 맑고 밝은
그리움이 눈부십니다.

저물 무렵 그리움의 시(詩) · 11
―당신에게

사랑하는 것보다 더 따뜻한 것은 없다
땅끝 마을로 전근 간
그대가 보고 싶은 날
그리워,
그리워한 만큼 슬픈 상처는 없다.
한 번 가던 길은 돌아오는 데 익숙하다
그대에게 선물할 한 뼘 눈물도 없이
오늘도 바람 부는 퇴근길
땅끝 그대에게 간다.

저물 무렵 그리움의 시(詩) · 12
─금호동에서

금호동 산번지(山番地)에 적요의 눈이 온다.

사선으로 휘날리는
그 사랑의 변증법.

세상의
들꽃들이 모여
오순도순 눈이 온다.

저물 무렵 그리움의 시(詩) · 13

―주목(朱木)나무처럼

헤어짐은 만나면서 저만치 꽃을 피우듯
그들은 강가에서 잠시 이름을 지운다
살아서 천년(千年), 죽어서도 천년
주목나무처럼 사랑하고 싶다.

저물 무렵 그리움의 시(詩) · 15

─오늘도

오늘도 그대 집 앞 서성이며 생각했습니다
오늘도 내 사랑은 한 점 눈물이 되었습니다
오늘도 어김없이 당신을 또 부르고 싶었습니다
오늘도 도로 한 쪽 차를 세워 기다렸습니다
오늘도 먼 곳의 그리움 자욱했습니다
오늘도 넉넉한 사랑 그대 곁에 있었습니다
오늘도 우리에겐 결박이란 없었습니다
오늘도 이렇게 슬픔과 기쁨이었습니다
오늘도 절망은 끝내 눈부신 사랑이었습니다.

저물 무렵 그리움의 시(詩)·16

－시(詩)를 쓰면서

이 절실한 그리움으로
그대에게 시(詩)를 쓰나니

심장이 바스러지는 사랑스런 사람 만나
오늘도 생각하면 할수록 눈물이 납니다.

그대에겐 언제나 그대만큼 순수하게
그대의 깊이만큼 사랑마저 깊어 외로운

천년을 앓아온 아픔
시(詩)를 쓰니 눈물납니다.

저물 무렵 그리움의 시(詩)·17

―불면

팽팽히 떠오르는 저 미명의 아침햇살.
묵묵히 바라보며
네 뒷모습이 되고 싶다.

우리들 가슴 넉넉한
작지만 큰 순수의 벽.

아무 말도 묻지 말자
아낌없이 나를 흔드는,
미더운 삶
외로운 섬이 되어 떠돌지라도

불면의 밤 엿듣고 싶어
너를 채운다
한 줌 사랑으로.

저물 무렵 그리움의 시(詩)·18
―사람이 그리운 날

그녀의 커피잔엔
붉은 루즈가 묻어있다.

창밖에 장대비 후두둑 내리는 날
몹시도 사람이 보고픈 날
그녀에게 기대고 싶나니.

우리가 살아갈 그리움의 집 한 채
그 산골 어느 자락 듬직한 집 한 채

마지막 훈훈한 내 사랑
바위처럼 살고 싶나니.

저물 무렵 그리움의 시(詩) · 20

―첫눈 오면

첫눈 오면 네 따뜻한 손목을 잡아주리
나의 꿈, 나의 희망, 그대에게 선물하리
사랑할 자유와 믿음
그대에게 안겨주리.
첫눈 오면 새별처럼 돋아나는 신행(新行)이리
세상 한 쪽 출렁이는 교향악을 선물하리
구원의 신세기 맞으며
이젠 서두르지 않으리.
첫눈 오면 시인이여, 어머니의 땅에 서리
축복의 땅, 참회의 땅, 강물처럼 흘러가리
견고한 그리움의 화석
그 찬란함을 선물하리.

해설　警戒에서　省察로,　他者에서　存在로

-李在昶　論-

한강희

전남도립 장흥대학 교수

1. 詩人된 理由, 時調를 하는 理由

이재창이 시를 무던히도 사랑하는 증거는 곳곳에 있다. 그의 시적 편력이 애정을 바탕으로 하고 있다는 증거는 가장 먼저 동인적 결사(結社)에서 찾을 수 있다. 시인은 짧다면 짧은 시력 20여 년 동안 주변의 사우(詞友)들과 동고동락하며 한 시도 시와의 긴장을 풀어본 적이 없다.

<토풍시> <無·榮문학> <흘수선> <풀잎문학> <5세대> <시조혁명> <시와 시대>『문학과 지역』『열린시조』『시와 사람』등의 생성과 진행, 그리고 소멸과 함께 해 온 그의 시적 여정을 좇다보면 분명 나름의 신산이 있었을 법하다. 하지만 그는 신산을 신산으로 여기지 않고 시와 정면으로 맞닥뜨리며 '시와 함께 하는 삶, 삶이 묻어

나는 시'를 갈망하고 있다.

그의 시적 여로에서 간간이 밝힌 연표와 이력에 의지해 본다면 이러한 사실은 금세 드러난다. '가난한 놈들이 가난한 짓거리 한다는 비웃음 속에서 수많은 좌절과 방황' 속에 있을 때나, 81년 형 재걸이 불의의 교통사고로 저 세상으로 갔을 때나, 92년 가친이 별세했을 때도 시적 긴장과 견인을 놓지 않았다.

신산만 있었던 것은 아니다. 그의 시에는 신춘문예 투고 11년만에 당선통지서를 받고 나서 담담한 심회를 맛본 것이나, <시조문학>에 추천을 받아 시조단에 처음 얼굴을 내밀었을 때의 기분이나, 스승과 시우(詩友)를 만난 행운이나, 당당히 신춘문예에 당선하거나, 국립 목포대학을 수석졸업하거나, 김시옥과 결혼해 두 딸을 두게 된 잔잔한 이완(弛緩)의 향연이 저인망의 그물에 포획돼 있다. 요컨대 그는 천상 '시인의 숲'에서 빠져 나올 수 없는 형편이 됐다.

시인은 현재 밥그릇의 질서에 의해 부장을 중심으로 2열종대로 도열해 있는 편집국의 스산한 풍경을 생활의 방편으로 삼고 있다. 기자에서 차장으로, 그리고 부장대우로, 마침내 대우 딱지를 떼고 기간 부서의 책임데스크에 앉게 된 시인은 불혹(不惑)에 접어들었다. 물리적인 연대로 보자면 외로웠지만 푸르렀던 청년 한 세월을 딛고, 경계를 넘어서려는 '영도'(零度)의 지점에 서 있다. 하지만 말이 불혹이지, 그에게 시는 여전히 미로학습과도 같다.

자술 형식으로 기록된 그의 이력서에는 '1990년대 중반, 나는 문학에 대한 회의감으로 말미암아 5~6년 동안 일체의 문학인들과 만나지 않고 절필했'노라고 밝힌 대목이 있다. 시인은 시를 쓰지 않았지만, 심정적으로는 '절필'이라 불렀지만, 사실 그것은 절필이 아닌 시를 해방시킨 것이었다. 무기력하고 불온하기 짝이 없는 '시어 터진 시'를.

시인은 아마도 시간을 쪼개낼 도리가 없는 신문사의 생리에 푹 젖어 평범한 직장인으로서 부러 포에지(Poesie)를 외면하는 상태였거나, 혹은 대항할 만한 시적 기제가 분명치 못한 상황에서 '포스트모던'의 우울한 그늘 속에 묻혀 있는 게 편했을 것이다. 이러한 분위기는 쓸쓸하고 고단한 겨울 이미지의 자전적 이력이 담지된 '겨울 공사장에서' 이미 나타난 바 있으며, 중앙일보 신춘문예에 '거울론'이 당선할 때까지도 유지·지속되고 있다.

화면처럼 어둔 세상 저음(低音)으로 깔려와도
우리들 허무 몇 잎 낙관 찍혀 붉어온다
내 분신
벗어 던져도
전율 없는 너의 촉각.

하늘 아래 모든 것들 제 모습을 지니지만

거리의 네 가슴은 잠시 잠시 백짓장뿐
우리들
얼굴 함축된
수줍음이여, 벌거숭이.

너는 항상 방패 없이 위태롭게 질문하고
질문 받는 우리들은 대답하다 넘어진다
제 모습
뽐내는 세상
아 아, 칼날이 떠는 자모(字母).

—「거울론」 전문

   당선작인 '거울론'은 '반사경의 언어'로 자신의 삶의 이력을 되비쳐 주고 있는 것으로 이해할 수 있다. 당시 심사평을 썼던 이근배 선생이 "이 작품은 자칫 시조 형식이 빠지기 쉬운 회고조나 사설을 벗어나 현대시가 해내고 있는 사물에의 인식을 보다 깊이 있게 다루고 형상화를 이룬 한 보기의 작품이다. 잣수율을 벗어나지 않으면서도 수사의 낭비가 없이 거울에 비친 삶을 선명하게 조형하고 있다"고 기록한 점은 이를 반증하는 것이다.

   수상자는 여기에 덧붙여 문학행위를 '산 자의 그리움'이라 정의하며, '시조가 음풍농월을 탈피해 민족시의 혁명을 이룩해야 한다'고 포부를 내비친다. 자못 당당하고 비장하

게. 아울러 시조혁명의 한몫을 짊어지겠다며 결기를 다졌
다. 해방과 분단 50년을 뒤로 하고, 1세기-1백년을 근대
로 매몰시키며, 새로운 천년-21세기로 치닫는 90년대 후
반에도 여전히 문학은 '산자의 그리움'이고 시조혁명은 육
당(六堂)이 외쳤던 '부흥론'의 언저리에 매달려 있다.

　시조단 일각에서 '우리 시를 사랑하는 모임'을 결성하
고, 시인들이 목소리를 높이고 있어 '부흥'이 아닌 '생활'
이 될 공산도 커 보인다. 시인은 '동인적 결사'를 통해 단
속적으로 그리움의 실체를 찾아 왔고 삶과 시조, 시조와
삶 사이의 긴장을 유지하며 생활과의 간격을 좁히는 데
혼신을 보여 왔다. 그 결정체가 「연대기적 몽타주」에 해당
한다.

　그가 그 나름의 시의 새 지평을 넓히는 길은 지금까지
의 시적 성취이자, 완결편이라 불러도 좋을 '연대기적 몽
타주' 일련의 시편을 반면교사로 삼는 일이다. 지금까지의
시적 여정을 재점검하고 갈무리하는 일은 앞으로의 시적
좌표를 설정하는 안전판이 될 수 있기 때문이다.

2. 警戒에서 省察로

　80여 편에 달하는 이재창의 시편들은 78년 봄, '옛 동산
에 올라'에서 87년 '거울론'으로, 90년 들어 '저물 무렵 그
리움의 시'로, 그리고 99년 10월 '연대기적 몽타주'에 이르

는 동안 존재[內性]의 부면(部面)을 현실태와의 연관하에 끊임 없이 탐사하는 형태로 진행된다. 때로 열정으로 타올랐고, 때로는 무덤덤하고, 때로는 시큰둥하게. 그 화두는 '광주'로부터 열린다.

금남로 걷다보면 생각난다, 민주주의여
푸른 하늘 죄 없어도 떨려오는 가슴 아래
오늘은
너에게 안부를 묻는다
머나먼 그리움의.

생각나지 않느냐, 지울 수 없는 함성들이
잊혀지지 않는구나, 떠나갔던 친구들이
사람이
사람으로 태어난
그 인식의 죄업 끝에.

오월이 돌아오면 가슴이 떤다, 민주주의여
너는 지금 어느 땅 밑 숨죽여 누웠느냐
철쭉꽃
장미꽃 팬지꽃
모두 만발한 이 봄날에.

―「연대기적 몽타주·12」 전문

광주에 발 디딘 시인으로서 5월 광주를 회상하고, 그 아픔을 곱씹는 일은 당연한 일에 속한다. 그 순연한 5월을 묵묵히 지켜낸 성산 무등을 어질고 큰 가슴 속의 산으로 인각하는 것도 이 때문이다. 5월과 무등이 화자 평생의 화두가 될 것임은 부연을 필요로 하지 않는다. 더욱이 만화방창한 봄날에 이르면, 봄꽃처럼 사위어 간 이승을 하직한 자들이 더욱 그리워질 수밖에 없다. '광주'의 봄을 생각하면 시인은 초라해진다. 결국 그리움은 부끄러움을 동반한다. 시인은 그리움의 실체를 찾아보려 하지만 실체는 찾아지지 않는다. 계절의 섭리에 따라 내년에도, 명년에도 봄은 찾아오고, 당시 사라져간 망자들은 그리움으로 떠오를 것이다. 그럼에도 시인이 가진 그리움은 부끄러움으로 환치될 운명을 가지고 있다.

부끄러운 새벽강을 걸으며 나는 보았다
언제나 이 시대의 중심으로 향하는 강
움츠린 생명이 해빙처럼 풀리는 것을 보았다
우리들의 참한 외침 안개처럼 몰려올 때
반짝이는 연초록의 봄 햇살 곁에서
또다시 한 잎 들풀로 살아나고 있음을
　　　　　　　－「연대기적 몽타주·30－우리들의 봄」 부분

그러기에 "만나야 할 것들을 만나지 못하고/ 떠나야

할 것들과 인사 한 번 나누지 못한/ 단 한 장 확실한 유서를 피워 올리고 있"(「연대기적 몽타주·30-우리들의 봄」)는 심연을 내보일 수 있다.

그런데 그리움으로 표상되는 화자의 시적 대응방식은 광주에 발 디뎠기 때문에 이루어진 어쩔 수 없는 '동화(Accomodation)'가 아니라, 직접체험으로 주체적 거리를 확보한 '조절'(Assimilation)에 의거한 감정 투사라는 점에서 의미가 있다. 주체가 바탕이 되기 때문에 '그날' 죽은 영령에 대한 위무의 자세는 때로 민족사적 현안인 통일의 '그날'로 연결되기도 한다.

한편 광주와 민족을 노래하는 이면에는, 이와 동류항을 이루는 사회적인 관심이 표명돼 있다. 이합집산을 끼니거리 때우듯 하고, 허랑방탕하게 혈세를 축내는 국회의원에 대해 환멸과 야유를 보낸다. 그는 국회의원을 '깃털 세워 끼룩거리는 천연기념물'에 비유, "한 무리/ 잡새로 남아/ 구린내 나는 도래지/ 어느 늪지/ 찾아 떠도나"며 자기이득과 자기만족만을 추구하는 위정자는 선량(選良)이 될 수 없음을 풍자적으로 질타한다. 비판의 화살은 생활주변에도 이어진다. 그는 우리가 사는 마을을 "막힌 혈관 찌든 허파, 중금속 투성이의/ 아무리 씻어봐도 끈적한 삶의 배면./ 산과 물/ 바람마저 답답한/ 이 땅 집 짓는 사람은"이라 술회, 환경오염의 실상을 고발하기도 한다.

3. 他者에서 存在로

「연대기적 몽타주」의 일련의 시편들은 신문사라는 특정 공간인 직장생활을 밑그림으로 한 존재에 관한 성찰의 기록으로 읽힌다. 그 밑그림은 대체로 자기반성과 회한을 통해 균형과 절제를 잡아가려는 모습으로 그려진다. 이러한 자세는 집요하기까지 하다. 조간신문의 잉크냄새를 맡으며, 교정지의 오·탈자를 고치며, 제목을 달아 편집 대장을 넘기며, 시인은 "낮술에 취해 울고 있다" "한 세상이 누워 있다" "한 시인이 웃고 있"(「연대기적 몽타주·11」)는 불혹에 맞닥뜨린 자신의 모습을 새삼스럽게 발견한다.

시인에게 조간신문은 세상과의 대화의 통로이면서, 아내와 자식들의 생활을 담보하는 양식이며, '의지의 풀씨를 뿌리는 행간의 자유'를 보람으로 삼는 삶의 현장이다. 배고픔으로 빵 굽는 냄새를 동경해 온 시인으로서 '빵과 사랑과 자유'가 어느 정도 담보된 이제는 비교적 여유로운 면모를 갖게 된다. 시인은 구제금융한파를 씁쓸하게 헤쳐 "온갖 아집 온갖 추함 낙엽으로 지더라도/ 잊을 것과 버릴 것은 여전히 끈덕진 심/ 지킨 꿈 벗는 개운함으로 생명의 덫 껴안"(「연대기적 몽타주·18—살아남기」)을 수 있었다. 내쳐 '폭풍우 닥쳐도 끄덕치 않는 넉넉한 자유의 집 한 채 짓고 싶'기를 열망하는 것이다(「연대기적 몽타주·19—자유에 대하여」). 이제 비로소 존재의 집을 지을 수 있는 단

계에 이른 것이다.

시인에겐 '존재' 이전에 시를 지탱해 준 에네르기가 될 만한 '전존재'가 있었다. 유년에 대한 추억이 진하게 묻어 나는 곳은 누님과 친구들이 함께 뛰놀던 고향과 초등학교 다. 그 진달래꽃 붉게 핀 화단, 쪽빛 남해에 쏟아진 햇빛 을 시심의 자양으로 삼은 시인은 여리디 여린 심성을 쏟 아낸다. 그러기에 '순백으로 낮술 취해 울고' 있는 것은 '사직'이 아니라 사직에 가탁한 시인 자신이며, '온몸이 비 틀려 보면 내가 아닌 나를 보게 되고' 심지어 '바람이 등 허리를 잘리는 신음소리를 들을' 수 있기 때문에 친구들이 마냥 꺾을 수 있는 꽃대궁을 시인만은 꺾을 수 없다.

굳이 바슐라르나 프라이의 언표에 의지하지 않더라도 물의 이미지는 동적이고 상승적이기보다는 정적인 하강국 면을 상징한다. 물의 유속이 아무리 유장 도도할지라도 모 든 시적 화자는 회한을 반추하게 마련이다. 이른바 주체와 타자의 대립에서 주체가 나락으로 떨어지는 '세계의 자아 화'로 귀속된다. 시가 발생하는 지점이 이곳이다. 이럴 경 우, 범인(凡人)들은 "강물이 흐르는 것처럼, 내 인생 또한 저렇듯 세월을 좀 먹듯 흘러간단 말인가. 이 부박한 삶을 더 이상 기울 필요가 있을까"라는 자탄에 빠지게 된다.

그런데 시인의 경우는 물을 통해 자신을 투명하게 되돌 아 보고 있다. 물에 대한 이미지는 적어도 시인에 있어서 만큼은 끊임없이 성찰을 독려하는 기제로 작용한다. '남해

바다'가 동심 어린 고향을 반추하는 곳이라면, 시와 삶의 활력을 얻는 곳은 내변산의 직소폭포와 채석강, 순천만, 지석강, 성산포 등이다.

그의 시가 깊은 자기성찰을 기반으로 '건강'하게 열려 있다는 점은 무의식적으로 솟구쳐 오르는 '물의 정령'을 찾는 여정과 관련이 깊다. 요컨대 "완강한 해가 뜨고/ 아름다운 연등이 뜨고/ 갯풀 속에 창창한 참꽃이 뜨는" 격포가 있기 때문에 그의 시는 아름다워질 수 있는 것이다. 그래서 곡선이다. 시인은 삭막하기 그지없는 직선에 경계를 긋고 곡선으로 에돌아 가는 세상살이를 희구하고 있다.

다음으로 형식적인 면을 보자. 이재창의 시는 시조형식이 갖는 제약조건에도 불구하고 외연을 다양하게 넓혀나가고 있다. 시조라는 형식에 아랑곳하지 않고 기본형 속의 파탈, 파탈 속에서도 정형에 긴박돼 있는 점은 특장이다. 한 가지 아쉬움은 있다. 흔하다고 여겨지는 아포리즘들이 무의식적으로 눈에 띈다는 점이다. 예를 들자면 '인간답게 사는 법은 변하지 않는 것이다' '이젠 가슴 따뜻한 사람들과 살고 싶다' 따위다. 아포리즘은 의미를 전달할 수 있는 가장 손쉽고 효과적 기법이지만 산견되어선 되레 의미를 반감시킬 우려 또한 동시에 안고 있다. 이와 연장선상에서 볼 때 한 가지가 더 있다. 조사가 엄격하게 지켜지다 보니 의미전달은 쉬운데 정형시의 미덕인 노래성이 희석되고 있다는 점이다.

언필칭, 시조는 시간의 흐름에 맞춰 탈바꿈해야 한다고 목소리를 높인다. 어느 시대나 늘 새로운 가락을 지녀야 한다고 말한다. 오늘에 와서도 시조가 겨레시로서의 정통성—정형을 지키면서도 새맛을 내는 까닭은 바로 우리말의 아름다움과 시적 운율을 가장 잘 살려낼 수 있는 형식이기 때문이라 할 수 있다.

4. 平面鏡에서 反射鏡으로

이재창의 언어는 존재에 관한 끊임없는 성찰의 언어에 속한다. 그것은 다분히 생활 자체를 밑그림으로 하고 있으면서도 인식(Episteme)의 지층을 탐사하는 형태로 전개된다. 그 시적 여정은 필생의 화두로 놓일 광주의 그늘, 즉 경계의 시선을 통과의례로 하고 있다. 분명히 하자면 그 통과의례는 시적 여정과 궤를 같이할 성질의 것이다.

시인은 세상의 언어 속에 매어 있으면서도 그 언어의 질서 아래서 자신만의 언어를 만들어가는 시지프스에 다름 아니다. 이런 의미에서 이재창의 언어는 평면거울(mirror)의 언어가 아니라 반사경(specuium)의 언어다. 현재적 삶을 직정적으로 노출시키기보다는 오목볼록한 반사면을 통해 현실의 언어를 굴절·변형시킨다. 그 반사경은 그리움과 회한, 긴장과 이완, 위안과 격정을 교차시켜 되비춘다. 한편 그의 시적 무게는 남성적이라기보다는 여성지향적으로, 외

114

형적이기보다는 내면으로의 침잠에 경사돼 있다. 시인의 한결 같은 시적 추구로 집약되는 '성찰'이란 직선으로 내지르는 언어가 아니라 곡선의 감싸기 형식으로 진행되는 아우름이라 할 만하다. 건조한 현실에 삶의 뿌리를 둔 시인은 시간이 허락하는 대로 그리움의 시원을 찾아 일탈을 꿈꾸고 있다. 그 일탈은 자기성찰의 몸부림이라 간주할 수 있다.

시인은 불혹의 강을 건너며 이전과는 비견되는 '새로움을 만들고'[創新], 그 속에 '새로운 뜻을 담아내야 하는'[新意] 화두와 씨름하고 있다.

이재창 연보

1959년 11월 1일(음) 광주광역시 동구 학동에서 아버지 이낙형, 어머니 박춘자의 2남 2녀 중 차남으로 태어남.

1978년 광주진흥고등학교 졸업.

『시조문학』에 작품 「옛동산에 올라」로 초회 추천을 받음.

고교 재학시 문예부장을 했던 친구들 정임복, 박형복, 최석훈, 김종백, 임종일, 정승곤, 송재진 등 13명이 모여 <無·榮문학> 동인회를 결성. 동인지 4권을 발간하고 두 차례의 시화전을 개최.

김성수, 신영애, 김숙자, 문영국 등과 함께 문학동인 <흘수선>을 결성, 시화전을 개최함.

1979년 『시조문학』 추천완료를 받아 시조문단에 등단.

1979년 건축기사 자격증 획득함.

1980년 4월~1983년 1월 육군 공병대 복무.

1983년 건우종합건설회사에 입사, 공사현장에서 근무.

이한성, 정병표, 손동연, 김종섭 시인과 함께 시조 동인회 <시조혁명> 결성.

1987년 『중앙일보』 신춘문예에 시조 「거울論」 당선(박재삼, 이근배 시인 심사).

<5세대> 문학동인 결성. 이진영, 이상인, 이용범, 유강희, 최승권, 박상석, 정양주 등과 함께 동인 사화집 『그리

움이 터져 아픔이 터져』(나남, 87), 『노래로 노래해다오』 (열음사, 89) 발행. 문학무크지 『문학과 지역』 편집위원 (91년까지).

1988년　목포대학 국문과 수석으로 졸업. 동대학원 진학(문학석사, 고전문학). 교사인 제주 김시옥과 결혼. 무등일보 편집부 기자로 입사.

1989년　장녀 지현 태어남.

1991년　『광주매일』로 옮김. 『심상』 신인상에 시 당선(서울대 박동규 교수 심사). 차녀 보영 태어남.

1992년　아버지 별세함.

1994년　장남 승현 태어남.

1996년　광주매일 편집부장, 시조전문 문예지 계간 『열린시조』 편집기획위원으로 참여.

1997년　전남학생시조협회 출신 동문을 모아 송선영 선생님 회갑 기념 시집 『활터에서』를 제작해 출판기념회서 증정함. <희방회> 결성 참여.

1999년　한국언론재단에서 언론인 연구저술 분야 지원 받아 문학평론집 『아름다운 고뇌』(시와사람사) 간행. 계간 『시와사람』 편집동인으로 참여. 창작과 비평사에서 6인 시조집 『갈잎 흔드는 여섯 악장 칸타타』 발행.

2000년　『광주매일』 지역사회부장으로 재직하고 있음.